ISAAC NEWTON

La gravitación universal

Por Pierre Mettra
Traducido por Laura Bernal Martín

Historia   en50MINUTOS.es

ISAAC NEWTON

- **¿Nacimiento?** El 4 de enero de 1642 en Woolsthorpe (Inglaterra)
- **¿Fallecimiento?** El 31 de marzo de 1727 en Londres
- **¿Descubrimientos e invenciones destacados?**
  - La teoría de la refracción y la composición del color (1665-1666)
  - El cálculo infinitesimal (1666-1704)
  - El telescopio reflector (1671-1672)
  - La teoría de la gravitación universal (1684-1687)
- **¿Repercusiones de los descubrimientos?**
  - Formación de la mecánica clásica en física
  - Progresos científicos que llevan a una nueva teoría, la de la relatividad de Albert Einstein (1879-1955)

Isaac Newton es un hombre talentoso que se inicia en las matemáticas en 1665 con la lectura de obras de autores modernos, como René Descartes (filósofo, matemático y físico francés, 1596-1650). Enseguida se enfoca en los problemas de álgebra y de cálculo de áreas en determinadas figuras geométricas. Así, durante el año 1666 elabora un método llamado «cálculo infinitesimal», que permite trabajar sobre la base de una serie infinita de ínfimas cantidades de un elemento matemático.

Al mismo tiempo, Newton se dedica al análisis del fenómeno del color cuando se muestra por medio de la refracción de la luz. Haciendo experimentos con la ayuda de un prisma, rechaza la idea de que la luz es simple y homogénea, y cree, al contrario, que es heterogénea y que comprende un espectro continuo de colores que solo se ven a través de la refracción, es decir, de la deformación de un rayo solar al situarse entre dos elementos diferentes, el aire y el vidrio. Partiendo de esta constatación, inventa un nuevo tipo de telescopio con unas lentes diseñadas para evitar que este fenómeno perturbe la visibilidad del observador.

Pero no se detiene ahí. Apasionado por las ciencias, se dedica a la física y, a partir de 1648, inspirado por las obras de eruditos como Galileo (1564-1642) o Johannes Kepler (1571-1630), se pregunta sobre el fenómeno de la caída de los cuerpos y del movimiento de los planetas. Estas interrogaciones le llevan a elaborar la teoría de una gravedad universal, es decir, aplicable tanto a los astros como a los seres y objetos de la Tierra. Entonces se produce un importante vuelco en la historia de la ciencia.

BIOGRAFÍA

Retrato de Isaac Newton.

UNA INFANCIA CASTIGADA POR EL ABANDONO

Isaac Newton nace el 4 de enero de 1642 en Woolsthorpe, un pueblo situado en el condado de Lincolnshire, al este de Inglaterra. Su padre, un campesino rico, muere algunos meses antes de su nacimiento, y su madre, Hannah Ayscough (1623-1679) vuelve a casarse con un rector de los alrededores cuando su hijo apenas tiene tres años. El joven Isaac se deja a cargo de su abuela en el hogar familiar. No lleva bien este abandono, y siente un violento resentimiento contra su madre y su padrastro. De hecho, años más tarde escribe en una lista personal en la que enumera sus propios pecados que había amenazado a ambos con quemarlos vivos dentro de su casa.

Aunque se le designa heredero de la propiedad familiar, muestra más pasión por la observación de fenómenos físicos que por el cuidado de la explotación agrícola. Cuando tiene diez años su padrastro fallece y su madre regresa al hogar. Decide enviar a su hijo a la escuela de una pequeña ciudad llamada Grantham, a una decena de kilómetros de Woolsthorpe. El chico se aloja entonces en casa del boticario de la ciudad, donde observa decocciones, cocciones y mezclas que le inspiran una pasión que nunca más le abandonará: la de la alquimia. En la escuela aprende latín, teología y un poco de aritmética, pero es considerado un niño que no presta mucha atención.

Cuando Isaac Newton tiene 16 años, su madre le pide que regrese a Woolsthorpe para dirigir la propiedad familiar.

Sin embargo, el joven resulta ser un granjero pésimo que prefiere claramente hacer cálculos antes que ocuparse de la cosecha. Su madre y su tío, el rector William Ayscough, acaban por encontrarle otra actividad que se adapta más a sus inquietudes.

UNA PASIÓN POR LAS CIENCIAS

En junio de 1661 es admitido en el prestigioso Trinity College de la universidad de Cambridge, la facultad inglesa más reputada. Estudia astronomía, aritmética, geometría y teología, y se apasiona en secreto por la alquimia. Asimismo, alimenta muy discretamente una reflexión personal sobre la religión cristiana que, de hacerse conocida, bastaría para despojarle de su rango por herejía. En abril de 1665 se diploma por el Trinity College y tiene que irse de Cambridge, en aquel entonces asolada por la peste. No le queda otra que refugiarse en su casa familiar de Woolsthorpe.

UNA UNIVERSIDAD DE RENOMBRE

La universidad de Cambridge, creada en 1209, es la más antigua de Inglaterra después de la de Oxford. Ambas están divididas en unidades independientes en casi todos los aspectos, excepto en la puntuación en los exámenes finales. El Trinity College, en el que Isaac Newton fue estudiante y profesor, fue fundado en 1546 por el rey de Inglaterra Enrique VIII (1491-1547). Acoge a alrededor de mil alumnos al año, y hoy en día cuenta con 32 premios Nobel entre sus antiguos estudiantes.

Perfecciona sus conocimientos, afina sus hipótesis y trabaja sobre todo en su teoría del color y en la creación del cálculo infinitesimal. Durante este periodo de relativo aislamiento, Isaac Newton desarrolla la teoría de la gravitación universal que le hará famoso. Una leyenda, contada en concreto por Voltaire (escritor francés, 1694-1778) y reproducida hasta nuestros días, cuenta que Newton habría experimentado la súbita revelación de la existencia de tal fenómeno al ver una manzana caer de un árbol. A pesar de la importancia del descubrimiento que acaba de hacer, no publica nada y de sus investigaciones solo salen borradores y creencias.

Regresa al Trinity College en 1667. Es elegido miembro del profesorado del establecimiento, apoyado principalmente por el profesor de matemáticas Isaac Barrow (1630-1677). Isaac Newton entra en contacto con la Royal Society (sociedad científica inglesa) también a través de Barrow. Difunde sus primeros tratados sobre la luz en el restringido marco de este organismo. Los últimos suscitan algunas críticas, aunque moderadas, que son objeto de debates científicos en la época. Sin embargo, Newton reacciona con una violencia poco convencional, lo que revela un carácter inestable, y arremete principalmente con dureza contra Robert Hooke (astrónomo y matemático inglés, 1635-1703).

A partir de 1678, Newton rompe toda correspondencia con sus colegas eruditos. Aunque sigue dando clases de forma ocasional en el Trinity College, la muerte de su madre en 1679 y su sensibilidad, que casi roza lo paranoico, contribuyen a acentuar su carácter reservado. Durante seis años, consagra una gran parte de su tiempo a practicar alquimia y a escribir sus reflexiones teológicas.

En 1687 publica su obra maestra, la *Philosophiae Naturalis Principia Mathematica* (*Principios matemáticos de la filosofía natural*), también conocida como *Principia*. Se trata de una obra de gran importancia en la historia de la ciencia, en la que su autor desarrolla sus teorías de base relativas a la gravitación universal.

En 1689 es elegido miembro del Parlamento después de la Revolución Gloriosa (1688-1689), en la que se posiciona en contra del rey Jacobo II (1633-1701), que intenta que la universidad anglicana de Cambridge se vuelva católica. Su nuevo puesto requiere que traslade su residencia a Londres, donde parece disfrutar. En 1696 encuentra un prestigioso empleo: le nombran *Warden of the Mint* («Guardián de la Moneda»). A partir de entonces, Newton se dedica a su trabajo y se esfuerza por perseguir a los falsificadores de monedas, convirtiéndose en su mayor pesadilla. La irascibilidad del erudito parece encontrar en esta actividad una válvula de escape.

La Revolución Gloriosa

La segunda revolución inglesa, a menudo llamada la «Revolución Gloriosa», tuvo lugar como consecuencia de la conversión al catolicismo del duque de York, Jacobo Stuart, que en su ascenso al trono en 1685 toma el nombre de Jacobo II. Los notables ingleses se sublevan contra la monarquía a favor de la princesa María Estuardo (1662-1694) y de su esposo Guillermo III de

Orange (1650-1702). Cuando este último desembarca en Torbay (Devon) en noviembre de 1688, Jacobo II huye a Francia. Su fuga equivale a una abdicación, por lo que Guillermo III convoca una convención con el acuerdo del Parlamento que, después de hacerles firmar tanto a él como a su esposa la Declaración de Derechos (*Bill of Rights*), en la que principalmente se estipulan elecciones libres y se prohíbe que un católico pueda acceder al trono, les reconoce como soberanos bajo los nombres de María II y Guillermo III. Ha nacido la monarquía constitucional.

A su muerte, el 31 de marzo de 1727, Isaac Newton ya disfruta de un cierto renombre y su funeral es imponente. Es enterrado en la nave de la Abadía de Westminster.

CONTEXTO

UNA ÉPOCA DE PROFUNDOS CAMBIOS

Isaac Newton vive en una época de transición de la historia de los saberes europeos. De hecho, en el siglo XVI y XVII se produce un cambio profundo en el pensamiento científico, llamado a menudo revolución copernicana, en la que los trabajos de Newton se insertan plenamente. Sin embargo, a finales del siglo XVII Inglaterra vive un periodo marcado por problemas y cambios importantes, representados por una fuerte agitación política y por graves incidentes que afectan sobre todo a la capital del reino.

UNA REVOLUCIÓN CIENTÍFICA

En los siglos XVI y XVII, la ciencia occidental experimenta un giro radical en lo relativo a sus valores y a su método. Con la teoría heliocéntrica desarrollada por Copérnico (astrónomo polaco, 1473-1543) comienza la revocación de un sistema científico heredado de los pensadores griegos de la Antigüedad. Este propone la visión de un universo en cuyo centro no se encuentra la Tierra, sino el Sol. Otros astrónomos y matemáticos europeos apoyan este cuestionamiento del modelo geocéntrico elaborado en el siglo II de nuestra era por Ptolomeo (erudito griego, c. 100-c. 170).

Además, la filosofía europea conduce a profundas modificaciones en los métodos científicos. El inglés Francis Bacon (1561-1626) inaugura de esta forma la corriente empirista, que cambia el desarrollo de las hipótesis científicas. En su obra *Novum Organum (Indicaciones relativas a la interpretación de la naturaleza)* publicada en 1620, considera que el progreso científico solo puede tener lugar mediante la experiencia y la observación directa de los fenómenos físicos. El francés René Descartes también propone un nuevo método, basado principalmente en la consciencia del ser pensante ante el mundo que observa.

Para algunos, los descubrimientos de Isaac Newton representan el punto culminante de esta revolución científica, que provoca un cambio radical en el pensamiento occidental.

LAS GUERRAS CIVILES Y LA REVOLUCIÓN GLORIOSA

Jacobo I (1566-1625), que asciende al trono en 1603, no disfruta de una gran popularidad en el Parlamento inglés, y por un motivo: desea reafirmar el poder real en detrimento de este último. Tras su muerte en 1625, le sucede su hijo Carlos I (1600-1649). Siguiendo con la política de su padre, también se encuentra con la hostilidad del Parlamento. Su matrimonio con la católica Enriqueta María de Borbón (1609-1669) en una Inglaterra mayoritariamente agrupada en torno a la rama anglicana del protestantismo supone la gota que colma el vaso. La situación empeora hasta el punto de llegar a un enfrentamiento abierto entre las fuerzas realistas y las fuerzas parlamentaristas: acaba de estallar la Primera Guerra Civil (1642-1646). Cromwell (1599-1658), jefe militar en el bando parlamentarista, logra importantes victorias en 1644 y 1645, que obligan a que Carlos I se rinda.

El periodo de calma subsiguiente dura poco. En 1645, la monarquía rechaza un proyecto constitucional porque le parece que debilita su poder personal, lo que hace que estalle una nueva guerra civil (1648-1649). Esta culmina con la derrota de Carlos I, que es ejecutado: la monarquía queda abolida. Sin embargo, la situación de Inglaterra sigue siendo crítica ya que, de 1649 a 1651, las fuerzas parlamentaristas y las tropas realistas se enfrentan una vez más.

Sin embargo, tras la muerte de Cromwell, Carlos II (1630-1685), hijo y heredero legítimo de Carlos I, es llamado a acudir a Inglaterra, donde es proclamado rey el 14 de mayo de 1660, debido a que los parlamentarios ingleses no estaban preparados para abandonar la monarquía. Carlos II muere en 1658 y deja el poder en manos de su hermano, Jacobo II. Católico y persona cercana al papa, enseguida no gusta en el Parlamento. Este contacta con el *stadhouder* (lugarteniente) de las Provincias Unidas, Guillermo III de Orange, para que les ayude a expulsar al rey. Guillermo de Orange acepta la misión y apoya militarmente la Revolución Gloriosa en 1688 y 1689. Entonces, Guillermo III toma las riendas del país hasta su muerte en 1702, fecha en la que le sucede la reina Ana (1665-1714), hija protestante de Jacobo II.

LONDRES, UNA CAPITAL DEVASTADA POR LAS EPIDEMIAS Y LAS LLAMAS

Aunque la ciencia experimenta grandes avances, la medicina no está preparada para combatir las grandes plagas de la época: las epidemias. La peste, en concreto, asola con regularidad Europa.

En la primavera del año 1665, se declara la peste bubónica en Londres, traída probablemente por los barcos de mercancías que flotan en las aguas del Támesis. La enfermedad se extiende rápidamente y llega a las ciudades vecinas de la capital inglesa. No se encuentra ninguna solución para frenar la epidemia, y esta impotencia provoca una importante parálisis en todos los ámbitos de la sociedad. De hecho, la mano de obra se hace escasa, ya que la enfermedad provoca la muerte de unas 6000 personas cada semana, y los supervivientes apenas se atreven a salir de casa. Además, para intentar salvarse, la gente huye de las ciudades, donde el riesgo de contagio es mucho más elevado porque la densidad de la población es más alta. En las ciudades afectadas se cierran escuelas y universidades, los comercios escasean y funcionan al ralentí. En Londres, la enfermedad provoca muchísimas víctimas y, en julio de 1665, la familia real abandona la capital. Más de 80 000 de los 375 000 habitantes de la ciudad en la época sucumben a la peste bubónica, que no desaparecerá hasta las primeras heladas del invierno de 1666. Sin embargo, lo que erradica los últimos focos de la epidemia es el gran incendio de Londres.

Dibujo que representa el gran incendio de Londres en 1666.

El 2 de septiembre de 1666, se declara un incendio en la panadería de Thomas Faryner, situado cerca del London Bridge, en el barrio de la City, en pleno corazón londinense. Las llamas se propagan rápidamente hacia el oeste y hacen arder una capital principalmente compuesta en la época por edificios de madera. La metrópoli inglesa no es capaz de apagar el incendio hasta el día 5 de septiembre. Aunque la catástrofe no se cobró muchas víctimas, los daños materiales fueron inmensos. Unas 13 000 casas y 87 iglesias se redujeron a cenizas, entre ellas la célebre catedral de San Pablo. Tras este incendio, el peor de la historia de Londres, muchos habitantes de la capital (entre 80 000 y 100 000 según las fuentes) se encuentran con que han perdido todos sus bienes.

LOS DESCUBRIMIENTOS

EL HOGAR FAMILIAR, UN VERDADERO LABORATORIO

Alumno y más tarde profesor del Trinity College, Isaac Newton establece en este relaciones capitales para el desarrollo de sus teorías. La vitalidad intelectual reinante favorece la reflexión y los debates entre eruditos. Gracias a la intercesión de su profesor en el College, Isaac Barrow, Newton accede a la red de los científicos más prometedores de su época, la Royal Society. En este restringido círculo, en el que se debate y se comparte, los científicos reputados comunican tratados, borradores y teorías para que sean debatidas. Aunque Isaac Newton, que no soporta que sus tesis se debatan, nunca lo admitirá explícitamente, este ágora le proporciona, con toda seguridad, material para alimentar sus propias reflexiones.

Para Newton, Cambridge y los círculos de eruditos que frecuenta también son lugares en los que perfeccionar, enriquecer e inspirar sus investigaciones. Sin embargo, estas parece que no tienen éxito en más sitios que en su casa familiar en Woolsthorpe. Ya de niño, Isaac Newton observa allí el flujo del agua en el campo y se pregunta acerca de las extrañas propiedades de los fluidos. También allí construye relojes solares para calcular el movimiento del Sol con mayor precisión. Los intereses por los que se moverá a lo largo de toda su vida encuentran su origen en esta infancia rural.

La casa familiar de Woolsthorpe.

Cuando tiene entre 12 y 16 años, crece en su interior una gran pasión por la alquimia. Compra en Grantham su primer cuaderno de notas, en el que escribe como mención inaugural *«Isaac Newton hunc librum possidet»* («Isaac Newton posee este libro»). Copia principalmente textos de alquimia con una minúscula caligrafía.

¿Sabías que...?

La alquimia, ancestro renegado de la química, nace en la Antigüedad griega y egipcia. Consiste tanto en una búsqueda espiritual —la búsqueda de la inmortalidad— como en una práctica artesanal —la experimentación con materiales y la búsqueda de la transmutación de metales, en especial del plomo en oro.

Cuando cursa su segundo año de estudios en el Trinity College, Newton comienza a redactar un nuevo cuaderno de notas, en el que se puede observar la evolución del pensamiento del científico. En este cuaderno, al que titula *Questiones Quaedam Philosophicae* (*Algunas cuestiones filosóficas*), organiza en 45 secciones lo que le parece importante destacar del universo en el que vive. Así, señala algunos puntos esenciales que le ayudan a preparar sus teorías. En primer lugar, se muestra favorable a la idea de la existencia de corpúsculos, pequeñas partículas de materia que forman los elementos del mundo, idea que planea extender a la luz. Asiduo lector de René Descartes, declara rechazar la hipótesis sostenida por este último, según la cual la luz es una forma de presión.

En 1665, poco después de diplomarse, Newton tiene que abandonar Cambridge. Se retira a sus tierras con la cabeza llena de numerosas ideas sobre las que trabajar. Aunque los años pasados en la universidad le han permitido perfeccionar su razonamiento aritmético, lógico y geométrico, Newton elaborará en concreto la mayor parte de sus teorías en el retiro en su región natal.

EL MÉTODO DEL CÁLCULO INFINITESIMAL

De vuelta a Woolsthorpe, Isaac Newton esboza innumerables borradores. Inspirado en las obras de Descartes en materia de matemáticas, trabaja a destajo en un nuevo método que combina álgebra y geometría. En efecto, Newton desea desarrollar una operación que permita calcular el área bajo una curva dada y la pendiente que sigue esta última. También reflexiona sobre una forma de representar de manera algebraica una cantidad ínfima de un elemento matemático. Es así como, en aproximadamente un año, desarrolla el cálculo infinitesimal y la noción de fluxión (una descripción matemática de la velocidad de variación de una cantidad dada).

El cálculo infinitesimal, aún utilizado en nuestros días, implica dos operaciones complementarias —el cálculo diferencial y el cálculo integral—, ambas aplicadas a una función, es decir, a números y a fórmulas representadas por una curva. El cálculo diferencial permite trazar una tangente con la curva, mientras que el cálculo integral permite, por su parte, medir el área debajo de la curva. Se trata de procesos sumamente complejos. Después de este descubrimiento, inédito en el mundo de las matemáticas, Isaac Newton no se detiene en el tema, apenas habla de ello y no publica nada inmediatamente sobre su método de fluxiones.

Muchos años después, este tema genera un intenso debate entre Newton y el filósofo y matemático alemán Leibniz (1646-1716), que reivindica entonces la paternidad del cálculo infinitesimal. En realidad, Leibniz llegó a las mismas conclusiones unos años después de que lo hiciera Newton, utilizando una notación ligeramente diferente. Apoyado por su descubrimiento, el matemático decide publicar sus resultados en 1648. Así, cuando Newton expone su método de cálculo infinitesimal en un apéndice de su trabajo sobre óptica publicado en 1704 y llamado *Opticks*, su colega alemán dice que es plagio. El carácter de Newton no ayuda a arreglar las cosas, y ambos emprenden un despiadado combate intelectual apoyado por campañas de difamación que continuará hasta la muerte del científico inglés.

LOS TRABAJOS DE ÓPTICA

Recluido en su casa de Woolsthorpe de 1665 a 1667, Newton no se interesa solo por las matemáticas. También siente un gran interés por la luz y los colores, lo que le lleva a reflexionar sobre un fenómeno conocido por el hombre y hasta entonces inexplicable: la formación de pequeños espectros de color cuando un rayo de luz atraviesa una esquirla de vidrio traslúcido.

En la época de Newton es sencillo conseguir un prisma, un poliedro de vidrio que permite observar el fenómeno con facilidad. Newton tiene uno en Woolsthorpe. Se encierra en una habitación y cubre las ventanas, aunque deja una abertura en una de las contraventanas para que entre un fino rayo de sol. A continuación, coloca el prisma en ese rayo y observa la imagen que se proyecta en la pared oscura de la habitación. Entre 1665 y 1666, repite muchas veces el experimento, realizando otras observaciones y alimentando múltiples reflexiones en lo relativo a la naturaleza del fenómeno. Llega a una conclusión de capital importancia: la luz no es homogénea, sino compleja. Deduce que el espectro que se hace visible da cuenta de su composición. Asimismo, se detiene en la cuestión de la refracción de la luz, también observada a través del prisma. Sin embargo, sus teorías no llegan al público hasta 1704, fecha en la que saca a la luz su tratado *Opticks*.

Al mismo tiempo, se interesa por los telescopios, que en la época presentan un inconveniente nada despreciable. De hecho, la visión del observador que los utiliza se ve afectada por un fenómeno resultante de la descomposición de la luz blanca en el objetivo, un fenómeno llamado «aberración cromática». Apoyándose en sus deducciones, Newton inventa un nuevo tipo de telescopio que funciona gracias a un dispositivo reflector, lo que soluciona el problema. Este invento es el que le permite ser elegido miembro de la Royal Society en 1671.

Al año siguiente, decide presentar el estado de sus descubrimientos sobre el color y la luz. Para llevar sus experimentos a buen término, Newton se ha apoyado en los conocimientos desentrañados por Hooke, considerado un incontestable especialista en óptica, calificación que en ese momento no parece estar inclinado a negar. En efecto, Newton verifica la precisión de su telescopio observando un fenómeno físico llamado hoy en día —erróneamente— el «anillo de Newton», y que en realidad fue observado por primera vez por Robert Hooke. Al leer las conclusiones del recién llegado y deseando confirmar su influencia, este último decide redactar una crítica ciertamente condescendiente pero que no va más allá de los límites del debate científico de la época. Pero Isaac Newton reacciona con violencia y ataca a Hooke con una rabia desmesurada, deseando humillarlo públicamente. La disputa se cierra con un intercambio de cartas en las que la extrema educación solo es comparable con una frialdad glacial. Poco después, Newton sufre una depresión nerviosa y se aísla durante varios años.

EL GRAN DESCUBRIMIENTO DE NEWTON: LA TEORÍA DE LA GRAVITACIÓN UNIVERSAL

Al mismo tiempo, entre 1665 y 1666, Newton elabora la teoría física más importante de su época: la teoría de la gravitación universal. Apasionado por la astronomía y gran lector de Kepler, de Galileo y de Copérnico, vislumbra algunas hipótesis. Por ejemplo, considera que la idea de un vínculo probable entre los movimientos de la Luna y del Sol y los de las mareas tiene sentido. Además, intuye que la Tierra no es una esfera perfecta, sino que está «aplastada» en los polos. Aunque Newton no se encuentra en el origen de estas ideas, le sirven para conformar una base para una teoría más general.

A Newton le gusta pasar el tiempo en su vergel, en el que crecen manzanos, entre otros árboles. Por tanto, es posible que observando los frutos de estos haya comenzado a sospechar que existe una relación entre las fuerzas que se ejercen sobre sus esferas y las que se aplican a las esferas celestes, a los planetas y a los astros. Con todo, es difícil comprobar la autenticidad de la anécdota que cuenta que el científico habría descubierto la atracción universal observando una manzana caer. En todo caso, es más probable que Newton haya ido desarrollando su teoría progresivamente. Desde que entra en el Trinity College piensa en el movimiento de los planetas, como demuestra el cuaderno de notas que redacta en la época. Se aleja definitivamente de las teorías de Aristóteles (filósofo griego, 384-322 a. C.), según las cuales el origen de todo movimiento es un movimiento inicial. Newton piensa más bien en una fuerza, en un conjunto de leyes que se aplican a todo cuerpo físico, de los planetas a unas insignificantes manzanas.

Hacia 1679, sus reflexiones le llevan a elaborar una serie de hipótesis sobre esta fuerza. Sin embargo, nunca habría logrado perfeccionar sus tesis sin el modesto pero notable aporte de Robert Hooke, con el que entonces retoma una rica correspondencia epistolar. Es Hooke quien le habla primero a Newton de la idea de la fórmula del cuadrado inverso, que sería la base de la teoría de la gravitación universal. En 1681, Hooke publica *Sistema del mundo* (*System of the World*), en el que evoca estas premisas a la teoría de Newton. Sin embargo, el primero solo ha formulado la hipótesis pero carece de pruebas.

Retrato de Edmond Halley realizado por Thomas Murray.

El astrónomo Edmond Halley (1656-1742) se muestra interesado por el tema y, durante una entrevista con Isaac Newton en agosto de 1684, le pregunta qué piensa sobre el mismo. Newton le responde que ya ha resuelto el problema y que tiene pruebas que apoyan su hipótesis. Sin embargo, en ese momento es incapaz de encontrar sus cálculos entre sus montones de papeles. Le promete a Halley que volverá a hacerlos y que se los comunicará.

Halley publica el manuscrito que recibe de Newton a finales de 1684, llamado *De motu corporum in gyrum* (*Sobre los movimientos de los cuerpos en órbita*). De esta versión original se deriva, en 1687, la obra maestra de Isaac Newton, los *Principia*. De hecho, se trata de una descripción exacta del movimiento de los cuerpos según tres leyes que Newton afirma y demuestra:

- La primera ley, llamada principio de inercia, estipula que un cuerpo, si no es atraído por una fuerza externa (como la resistencia o la gravedad), conserva su estado estático o una velocidad de desplazamiento constante.
- La segunda enuncia que todo cambio de velocidad o de movilidad es proporcional a la fuerza que origina ese cambio.
- La tercera ley implica que a cada acción le corresponde una reacción igual y opuesta: la acción de dos cuerpos el uno sobre el otro es, por lo tanto, siempre igual.

A partir de estas leyes, Newton infiere una fórmula que explica la gravitación de todos los objetos visibles. Así, demuestra que la fuerza de la gravedad que se ejerce sobre un cuerpo depende del inverso del cuadrado de la distancia a la fuente de atracción.

Halley publica los *Principia* con la bendición de la Royal Society, a condición de que él mismo financie la impresión, y le transmite el texto a sus miembros. Inmediatamente, Robert Hooke se considera víctima de plagio: efectivamente, es él el que le evocó a Newton la ley del inverso del cuadrado. Sin embargo, no tiene forma de sostener su afirmación, que a partir de ahora no es más que una brillante inspiración, mientras que Newton ha hecho una teoría probada. Hooke acepta entonces contentarse con una mención de reconocimiento escrita en la introducción o en el cuerpo del texto, exigencias modestas y ya consideradas como legítimas en el paisaje científico de la época. Sin embargo, Newton no quiere saber nada: el extraño rencor que siente hacia Robert Hooke solo parece satisfacerse a través de una absoluta negación de su participación en la elaboración de la teoría de la gravitación universal.

El trabajo cosecha inmediatamente un gran éxito en el mundo científico. Después de esta obra maestra, Newton publica un tratado sobre la Luna que no tiene mucha repercusión y que lleva a su impetuoso autor a un nuevo enfrentamiento con un astrónomo. La última obra que Newton lleva a cabo es una ambiciosa historia del mundo basada en cálculos sobre la duración del reinado de los personajes bíblicos. Sin embargo, con su obra *Principia* ya tiene garantizada una inmensa posteridad.

REPERCUSIONES

UNA EXITOSA OBRA

Isaac Newton conoce la fama en vida. De hecho, la publicación en 1687 de *Principia* logra una notable repercusión y, hasta 1726, enriquece y reedita su texto. Este se mueve en los círculos científicos y, rápidamente, se propaga por las clases y universidades de toda Europa.

A pesar de este éxito, los eruditos europeos no adoptan inmediatamente las teorías de Newton. En realidad, juzgan que es imposible que una materia pueda ser desplazada por medio de una acción que tiene lugar a distancia, y consideran que las leyes de gravitación son entelequias, mientras que afirman, al contrario, que existe un fluido en el que las órbitas celestes se desplazan. A pesar de este escepticismo, son muchos los que admiran la solidez teórica y matemática de las pruebas de Newton. Además, sus teorías sobre óptica y la eficacia de su telescopio refuerzan su prestigio en la escena europea y, en 1699, la Academia de Ciencias de Francia le elige como uno de sus ochos asociados extranjeros.

UNA INCREÍBLE POSTERIDAD

En Inglaterra, la generación de científicos que sigue inmediatamente a la de Newton toma al erudito como modelo a seguir. Las cátedras más prestigiosas del mundo académico inglés, de Oxford a Cambridge, están colmadas de newtonianos convencidos. Los círculos de nuevos pensadores que siguen el camino que Newton ha marcado son cada vez más numerosos y el erudito traba amistad con el joven científico suizo Fatio de Duillier (1664-1753), con el que mantiene durante un tiempo una valiosa relación. Asimismo, Newton recibe un título institucional, ya que la reina Ana le nombra caballero en 1705, un honor inédito para un científico. A su muerte nace una leyenda a su alrededor, que le convierte en un personaje casi sobrenatural de la historia inglesa. Así, el poeta y pintor William Blake (1757-1827) le representa como un demiurgo en una pintura titulada *Isaac Newton* (1695).

Newton, pintura de William Blake, 1695.

La posteridad de Isaac Newton supera los límites del siglo XVII. Sus leyes del movimiento han inspirado generaciones científicas. De la misma forma, la mecánica clásica actual, también llamada mecánica newtoniana, se ha construido sobre las obras del erudito inglés. Uno de sus principios básicos es, en efecto, que la observación del mismo fenómeno que se encuentra en el origen del movimiento de los planetas también rige la caída de los cuerpos terrestres.

Como a menudo sucede en la ciencia, el cúmulo de conocimientos adquiridos lleva, tras los trabajos fundadores de Newton, a concebir nuevas teorías y a nuevos descubrimientos. La física clásica ve cómo sus métodos son ampliados por matemáticos y físicos hasta el siglo XXI, y en adelante se dedica principalmente al estudio de los fluidos, de la dinámica o de la estática. La mecánica clásica, por su parte, conoce aplicaciones variadas y especializadas, y participa esencialmente en la elaboración de la célebre teoría del caos, que considera que las condiciones iniciales del origen de un fenómeno tienen un efecto notable en el mismo.

UNA TEORÍA CUESTIONADA

Sin embargo, la teoría de la gravitación universal de Newton no es válida hoy en día. De hecho, la teoría de la relatividad general de Albert Einstein, que conmociona al mundo científico a finales de la década de 1910, remplaza actualmente al paradigma newtoniano. La teoría de Einstein se basa en la concepción de una fusión entre el espacio y el tiempo, así como en la certeza de que la velocidad máxima alcanzable es la de la luz. Se trata de una teoría muy compleja que solo se pudo crear gracias a una herencia científica eminentemente marcada por las obras de Isaac Newton. Además, Albert Einstein demuestra a partir de 1905, inspirado en los estudios del físico alemán Max Planck (1858-1947), que la luz no está compuesta por corpúsculos, tal como Newton creía, sino más bien por pequeñas partículas indivisibles de energía: los fotones.

Por el contrario, Einstein no invalida por completo las leyes de mecánica newtonianas. Así, concede que, a baja velocidad en relación con la luz (a menos de 300 000 kilómetros por hora), la teoría de Newton sigue ofreciendo resultados correctos. Por lo tanto, no se ha rechazado por completo la herencia newtoniana, aunque el inicio del siglo XXI marca, como ha señalado el historiador científico Thomas Kuhn (1922-1996), una nueva revolución científica. Aunque la llegada de la física cuántica hace que la ciencia deja de ser unívoca y de estar universalmente marcada por las leyes de Newton, no por ello deja de deberle a este último su posición y su evolución a lo largo de unos tres siglos.

EN RESUMEN

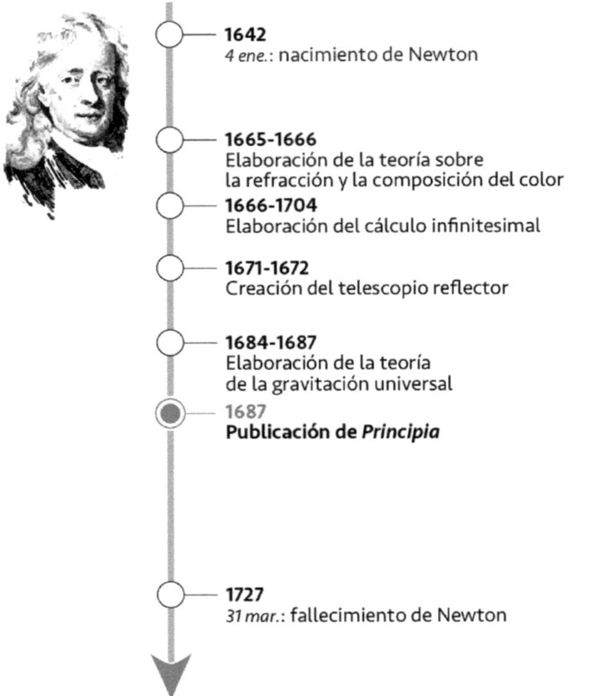

- Isaac Newton sigue siendo considerado uno de los padres fundadores de la ciencia moderna, basada en la experimentación y en la observación directa de fenómenos físicos. Su intuición y su talento por las matemáticas le permiten presentar brillantes teorías en varios ámbitos.

- Diplomado por el prestigioso Trinity College de la universidad de Cambridge en 1665, se convierte en profesor del mismo en 1667. Aquí desarrolla los puntos esenciales de su vida intelectual, establece relaciones con otros científicos, como con Isaac Barrow, y participa en círculos científicos como la Royal Society. Sin embargo, es en su hogar familiar en Woolsthorpe donde elabora sus principales teorías.

- Apasionado de la alquimia, a la que dedica una gran parte de su tiempo, del cálculo, que enriquece con sus descubrimientos, y de la astronomía, Isaac Newton descubre la estructura de la luz y establece la existencia de una ley universal que rige tanto la caída de una manzana como la trayectoria de los planetas.

- Sin embargo, no todos estos descubrimientos le pertenecen por completo a Newton. De hecho, este solo ha podido establecer sus hipótesis y validar sus presentimientos dialogando con sus colegas científicos. Nunca lo confiesa, y omite sistemáticamente en sus obras todo reconocimiento a la ayuda de sus colegas que, debido a sus críticas, aunque moderadas, han provocado su ira. Es taciturno y sufre depresiones nerviosas. Parece que solo encuentra la forma de aliviar su ira persiguiendo sin tregua a los falsificadores de moneda cuando es Guardián de la Moneda bajo el mandato del rey de Inglaterra Guillermo III de Orange, desde 1696 hasta su fallecimiento.

- A su muerte, en 1727, ya cuenta con un renombre establecido. Su obra maestra, *Principia*, es conocida por científicos de toda Europa. En Inglaterra se está convirtiendo en una leyenda, y la joven generación de científicos que toma el relevo se inclina ante esta. Es enterrado por todo lo alto en Westminster.

- Su posteridad superará las fronteras y los siglos. Hasta principios del siglo XX, la ciencia moderna se basa en sus teorías. La mecánica clásica, sobre todo, se deriva directamente de las leyes sobre el movimiento reveladas en parte por Newton. Sin embargo, los descubrimientos de Albert Einstein y la formulación de su teoría de la relatividad hacen que la comunidad científica invalide las leyes de gravitación universal. Con todo, esto no acaba con el prestigio que hoy en día sigue rodeando a uno de los científicos más importantes de la historia.

¡Tu opinión nos interesa!
¡Deja un comentario en la página web de tu librería en línea,
y comparte tus favoritos en las redes sociales!

PARA IR MÁS ALLÁ

FUENTES BIBLIOGRÁFICAS

- Gleick, James. 2005. *Isaac Newton, un destin fabuleux*. París: Dunod.
- Hall, Alfred Rupert. 1999. *Isaac Newton: Eighteenth-Century Perspectives*. Oxford: Oxford University Press.
- Koyré, Alexandre. 1991. *Études newtoniennes*. París: Gallimard/Bibliothèque des idées.
- Newton, Isaac. 2011. *Principia. Principes mathématiques de la philosophie naturelle*. París: Dunod.
- Westfall, Richard F. "Isaac Newton". *Encyclopaedia Britannica*.

FUENTES COMPLEMENTARIAS

- Hawking, Stephen. 2008. *Une brève histoire du temps. Du big bang aux trous noirs*. París: Champs/Sciences.
- Kuhn, Thomas. 1962. *La structure des révolutions scientifiques*. París: Flammarion.
- Perdijon, Jean. 2008. *Histoire de la physique*. París: Dunod.

FUENTES ICONOGRÁFICAS

- Retrato de Isaac Newton. La imagen reproducida está libre de derechos.
- Dibujo que representa el gran incendio de Londres en 1666. La imagen reproducida está libre de derechos.
- La casa familiar de Woolsthorpe. La imagen reproducida

está libre de derechos.
- Retrato de Edmond Halley realizado por Thomas Murray. La imagen reproducida está libre de derechos.
- *Newton*, pintura de William Blake, 1695. La imagen reproducida está libre de derechos.